Divorcio Inteligente

La historia de un padre

Cómo pasé de la mitad al todo

Dr. Richard Wood

Renuncia:

Utilice esta información bajo su propio riesgo. Las experiencias, pensamientos, opiniones y observaciones del autor expresadas en esta guía son solo eso, sus pensamientos, opiniones y observaciones. El autor no es abogado y no da fe de la legalidad de ninguna de sus acciones o consejos. El contenido proporcionado en este documento es simplemente para fines educativos y no reemplaza el asesoramiento legal de un abogado. No se asume ninguna responsabilidad por pérdidas, daños o resultados debido a la información proporcionada. El autor no es responsable de las elecciones, acciones o resultados del lector.

Para obtener información sobre este título, póngase en contacto con el editor:
El Grupo Bingham, LLC
Manlydivorce@gmail.com

1ª Edición 2022

Prefacio

La intención de mi historia, esta guía, es compartir cómo enfrenté mi mayor miedo (divorcio) y gané.

Para muchas mujeres, la industria del divorcio estadounidense representa la ruta más rápida hacia la libertad financiera y la independencia.

El divorcio a menudo despoja a los hombres de sus bienes, y para los padres es peor; pueden ser despojados de su paternidad.

Los años previos a mi divorcio fueron terribles y todo sobre la supervivencia. Luego llegó el día en que supe que mi matrimonio terminaría. Ese fue el día en que decidí que mi futura vida de soltera se trataría de prosperar.

El divorcio se convirtió en mi oportunidad para reescribir la narrativa; uno lleno de felicidad y gratitud.

Esta guía mezcla mis historias personales con estrategias universales y prácticas, que ayudan a los hombres (papás también) a través del proceso de divorcio.

Demostraré cómo trabajé con el sistema para lograr un comienzo libre de obstáculos, feliz, financieramente sólido y nuevo para mí y mis hijos.

Los años previos a mi divorcio incluyeron terapia matrimonial, retiros de pareja, etc., pero llegó un momento en que era obvio que mi esposa no era sincera acerca de permanecer juntos; el divorcio estaba en mi futuro.

Aceptar que no había nada más que pudiera hacer para mantener a mi familia unida me hizo reflexionar sobre cómo llegué a esa etapa.

La reflexión aportó claridad. Vi que estaba tan decidida a mantener mi matrimonio unido, y a mis hijos en un hogar de dos padres, que comprometí mis principios básicos.

Sabía que mi matrimonio había muerto durante años. Sin embargo, admitir eso significaba divorcio, y eso me asustó. Como tal, mantuve vivo mi matrimonio al retroceder a un mundo de negación. Me mentí a mí mismo haciéndome creer que con el paso del tiempo, mi situación mejoraría.

Para cuando estaba listo para aceptar que mi matrimonio había terminado, mis hijos y yo no éramos más que actores en un escenario. Una etapa en la que hicimos todo lo posible para presentar a nuestra familia como normal a los forasteros que miraban hacia adentro.

Detrás de la fachada, había cinco individuos que vivían con gran dolor.

Mi esposa trató a nuestros hijos como posesiones; nunca una onza de empatía o amor. Todos fuimos sometidos a la iluminación de gas. Me castraban a diario.

Reflexionar sobre nuestro pasado me hizo llorar. Sin embargo, revolcarse en la autocompasión por los errores del pasado no me ayudaría a mí ni a mis hijos.

Tomé la decisión de dejar atrás mi pasado manejando mi próximo divorcio como una oportunidad de oro.

Mi divorcio serviría como el vehículo de transporte que nos entregó un nuevo y mejor futuro a mis hijos y a mí.

En ese momento, no sabía nada sobre la mecánica del divorcio, así que usé el tiempo antes de la inevitable citación de divorcio para aprender todo lo que pude.

Entrevisté a abogados, hablé con hombres y mujeres divorciados, leí libros y escaneé Internet en busca de información.

Para cuando me sirvieron, estaba encerrado y cargado; listo para luchar y ganar todos los bienes y derechos parentales que fueran legalmente posibles.

Recuerdo vívidamente el día en que entregué la citación a mi abogado.

Me saludó en la puerta de su oficina y me ofreció sus condolencias. La miré con una gran sonrisa y le pregunté: "¿Lo siento? ¿Estás bromeando? Estoy tan listo. Tenemos esto".

Dieciséis meses después, tres de mis cuatro hijos y yo nos quedamos en el hogar conyugal con todas nuestras pertenencias, mis autos, caballos, ahorros para la jubilación, y recibí manutención de los hijos.

Las únicas cosas que faltaban en nuestras vidas era el estrés y una esposa y madre abusivas. También utilicé estrategias financieras que me permitieron obtener ganancias durante y después del divorcio.

Si bien las mareas están cambiando para los hombres, los resultados fantásticos no solo suceden.

Mis resultados surgieron de la autodisciplina y de trabajar mano a mano con mi abogado.

Para los no iniciados, mi enfoque sonará frío y calculado. Preste atención, los procedimientos de divorcio no son cálidos y difusos, y de hecho, tienen que ver con las matemáticas.

En esencia, el divorcio es un costoso procedimiento legal que corta y descarta a los hombres y sus familias.

Ahora que estoy del otro lado y aprendí a maniobrar ese sistema, estoy compartiendo mi historia y estrategias para empoderar a otros.

Mi éxito fue el resultado de una planificación persistente y adecuada, especialmente en asuntos de finanzas, que francamente mi esposa y su abogado no anticiparon. Los tomé por sorpresa, luego, mientras estaban ocupados sin saber cómo responder a pruebas sólidas, logré un divorcio que trajo alegría a mi vida.

Todo lo presentado en esta guía proviene de mis experiencias y observaciones personales mientras participaba en un divorcio que tuvo lugar en el estado de Nueva York. No soy abogado, ni ofrezco asesoramiento legal, ni le garantizo un resultado como el mío.

Demasiados hombres han llegado a creer que no sirve de nada pelear porque la mayoría de los resultados favorecen a las mujeres y las madres. Esta guía demuestra que los resultados justos son posibles.

A partir de este párrafo, asumiré que te enfrentas a una ruptura o divorcio a largo plazo.

Lo mejor que puedes hacer por ti mismo es colgar tu dolor, decepción y deseo de reconciliación. Ella ya no es tu compañera de vida, todo eso terminó el día en que se entregaron los papeles.

Ahora es su momento de convertirse en un oponente digno y fuerte para asegurar su futuro financiero, y si tiene hijos, asegure los arreglos de custodia que considere justos.

No pasará mucho tiempo antes de que usted y su pareja sean personas solteras desenredadas. Es importante que te prepares para ese día.

Mi objetivo es ayudarlo a retener todo lo que valora para que esté emocional y financieramente intacto al otro lado de su divorcio; listo para un nuevo comienzo.

Su mejor oportunidad de éxito es permanecer en su hogar matrimonial / compartido hasta que el divorcio sea definitivo. No te preocupes...

Demostraré cómo permanecer en casa con poco conflicto.

También le mostraré cómo evitar trampas, pesadillas legales, acusaciones falsas, proteger lo que es suyo y ganar la custodia (o evitarla) si eso es lo que busca.

Más tarde, después de que se resuelva su divorcio, puede reservar tiempo para sanar, obtener asesoramiento o lo que sea que necesite para lidiar con su pasado. Usa ese tiempo para corregir tus fallas para que la historia no se repita.

Los años previos y a lo largo de mi divorcio fueron solitarios, pero no fueron la primera vez que tuve que confiar en mí mismo.

A los 21 años de edad, decidí convertirme en cirujano. Todo dependía de mí: sería el primer graduado universitario y médico de mi familia de obreros. No había nadie que me aconsejara o guiara, poco apoyo moral y ninguna ayuda financiera. La historia de fondo es que dejé la escuela secundaria durante el 9º grado y luego regresé un año después para obtener mi título 4 años después, graduándome cerca del final de mi clase.

Además de los desafíos obvios, era que yo era un hombre blanco. Los hombres blancos fueron dejados de lado por las oficinas de admisiones en favor de las mujeres y las personas de color. Las minorías fueron reclutadas activamente y mantenidas con logros académicos y personales mucho más bajos que yo. A muchos se les dio viajes gratis, mientras que yo trabajé de 2 a 3 trabajos a lo largo de los ocho años de la universidad y la escuela de medicina. A pesar de las tremendas probabilidades en mi contra, llegué hasta obtener una residencia en el Yale New Haven Hospital.

Reflexionar sobre mis logros pasados me proporcionó el coraje que necesitaba para abrazar la lucha. Tanto es así, que me di cuenta de que lograr un resultado de divorcio justo sería más fácil que mis logros pasados, y así fue.

No pierdas este tiempo limitado atrapado en la autocompasión, tratando de luchar contra el sistema o buscando el apoyo de otros que nunca vendrán. En este momento, su futuro está en juego. Nadie puede velar por tu futuro mejor que tú.

Mi trabajo, como lo vi, era ayudar a mi juez a tomar decisiones a mi favor y el proceso fue bastante simple.

Contraté a un abogado, continué con mi carrera y seguí participando activamente en la vida de mi hijo. Sin drama, solo criando a mi manera habitual, administrando estratégicamente los activos, junto con la recopilación y organización de pruebas que me apoyarían en un tribunal de justicia.

Me estaba divorciando de una persona manipuladora y engañosa que tuvo mucho éxito en salirse con la suya mintiendo y manipulando a los demás, eso me preocupaba.

Resultó que no había nada de qué preocuparse. Mi esposa se quedó con sus estrategias emocionales y manipuladoras, que en comparación con la evidencia sólida y objetiva que presenté, fue una pérdida de tiempo.

Los jueces se pronuncian sobre datos objetivos. El litigante que pone ese tipo de datos ante ellos, gana.

Te enfrentarás a un sistema judicial que ve a las mujeres como víctimas sagradas e indefensas. Un sistema que afirma que el mejor lugar para los niños, independientemente de las circunstancias, es con sus madres.

Sin embargo, hay grandes noticias. En el núcleo de este sistema sesgado están las leyes.

Las leyes modernas afirman que los hombres y las mujeres son igualmente capaces de ganarse la vida para mantener a sus familias. Excepto en asuntos de aborto, los derechos del padre son casi equivalentes a los derechos de la madre.

Su trabajo será recopilar y presentar evidencia adecuada para que los miembros de la corte puedan fallar en función de la evidencia que presente, en lugar de tener que recurrir a sus prejuicios personales.

Así es como se desarrolla.... en ausencia de evidencia objetiva de cualquiera de los litigantes, el juez, dentro de los límites de la ley, se verá obligado a gobernar sobre la base de sus opiniones personales, por ejemplo, las mujeres son reinas veneradas, las madres son sagradas y los hombres son humildes máquinas de dinero.

Es su responsabilidad evitar un fallo sesgado.

Entre ahora y el Día D, reúna todas las pruebas objetivas posibles que un juez pueda necesitar, o exigir, en su audiencia. Luego, tenga esa evidencia disponible de inmediato por triplicado: una copia para usted, su oponente y el juez.

¿Por qué? A los jueces les encanta la eficiencia y, afortunadamente para usted, a los jueces de la corte de familia en particular no les gusta prolongar los casos con fines de descubrimiento. Esto significa que cuando presenta evidencia creíble en su audiencia, y la otra parte no tiene nada que refutarla de inmediato, es poco probable que el juez posponga la audiencia para esperar el descubrimiento de su oposición, por ejemplo, tomará una decisión basada en la evidencia que presentó.

Haga que sea fácil para su juez tomar decisiones en el acto que lo favorezcan.

Contenido

Introducción 1

La perspectiva de un hombre 3

Capítulo 1 3

Divorcio en términos simples 5

Capítulo 2 5

El guerrero sonriente 7

Capítulo 3 7

Precauciones universals 13

Capítulo 4 13

Vísteme lentamente Tengo prisa 15

Capítulo 5 15

Esposa feliz, vida feliz 19

Capítulo 6 19

Permanezca en su hogar conyugal 22

Capítulo 7 22

Nadie es perfecto 27

Capítulo 8 27

Estrategias basadas en el hogar 29

Capítulo 9 29

Prepárate para ser juzgado 33

Capítulo 10 33

Divorcio interino Vida en el hogar 37

Capítulo 11 37

La participación activa importa 40

Capítulo 12 40

Amenazas de divorcio 44

Capítulo 13 44

El maestro de los detalles gana 46

Capítulo 14 46

Anticipa traiciones 54

Capítulo 15 54

El tiempo y el dinero importan 57

Capítulo 16 57

Hijos y custodia 65

Capítulo 17 65

Circunstancias especiales y manutención de los hijos
....72

Capítulo 18 72

Sala de audiencias versus mediación 82

Capítulo 19 82

Crear una paz duradera 85

Capítulo 20 85

Introducción

Las mujeres han estado obteniendo grandes victorias durante décadas al no hacer más que aparecer. Esas victorias fáciles han hecho que ellos y sus abogados asuman una victoria desde el primer día.

Irónicamente, en una sala de audiencias moderna, esas victorias fáciles históricas están beneficiando a los hombres.

Al asumir una victoria, las mujeres y sus abogados no se están preparando adecuadamente para su día en la corte. Se presentan a las audiencias con poca evidencia para respaldar sus afirmaciones, y nada para contrarrestar la evidencia sólida de sus oponentes.

La arrogancia y la complacencia que se ha instalado en el campamento de mujeres representa la oportunidad perfecta para hombres y padres.

Mi historia demuestra cómo un hombre bien preparado puede hacerlo increíblemente bien en la corte de divorcio.

El aspecto variable de los divorcios son los tipos de personalidad de sus participantes. Esta guía describe un enfoque universal que lo preparará para manejar todos los tipos de personalidad.

Puedes estar divorciándote de una mujer razonable, práctica y justa, o de una mujer irracional, irracional y vengativa, no importa.

Si te preparas para un desastre y luego no pasa nada malo, es gratificante. Por otro lado, estar completamente preparado para los problemas antes de que sucedan, es igualmente gratificante.

El componente no variable de los divorcios es que el tiempo es esencial.

Su divorcio no esperará a que se recupere del shock, la desesperación o la tristeza. No hay sesiones de práctica ni repeticiones.

Vas a estar soltero en un futuro no muy lejano. Aproveche este momento para centrar toda su atención en el proceso legal que se pone en marcha. Contrate a un abogado (consejos de selección a seguir), luego asóciese con ella para convertirla en la defensora más fuerte posible.

Capítulo 1

La perspectiva de un hombre

Cuando comencé mi búsqueda de información que me ayudara a entrar en ella para ganarla, me encontré con algunos libros y sitios que especificaban que su propósito era ayudar a los hombres en medio de un divorcio. Sin embargo, cuando miré el contenido, la ayuda que estaban ofreciendo no era ayuda en absoluto. Estaban enseñando a los hombres a ser serviles, por ejemplo, no hacer nada y aceptar la derrota. O bien, enseñar estrategias y habilidades de afrontamiento a los hombres en medio de problemas legales penales que surgieron después de que se les entregaron los documentos de divorcio; no el divorcio en sí, por ejemplo, sin órdenes de contacto, arresto por irrumpir y entrar, perturbar la paz ...

La mayoría de los horribles problemas legales que enfrentan los hombres que se divorcian no están relacionados con el divorcio. Son cargos criminales que son en su mayoría el resultado de mudarse de sus hogares matrimoniales antes de que se finalizaran sus divorcios.

Los hombres que se mudan prematuramente de sus hogares conyugales, como inmediatamente después de recibir documentos, se están volviendo vulnerables a ser abusados y victimizados por sus esposas y el sistema penal.

Nota: Si bien es cierto que las leyes de divorcio reconocen a hombres y mujeres como iguales, las leyes penales no lo hacen. Todo lo que una mujer necesita hacer es acusar a un hombre de cualquier tipo de abuso, acecho, violación... y será llevado a la cárcel como culpable hasta que se demuestre su inocencia. Mudarse de su hogar conyugal antes de que finalice su divorcio aumenta el riesgo de tales resultados. Una vez atrapado en ese sistema, no tendrá tiempo, dinero o energía para luchar por un resultado de divorcio adecuado. En cambio, pasarás todo tu tiempo tratando de demostrar tu inocencia. Esa situación luego desarrolla una vida propia, por ejemplo, ella mostrará a la corte de divorcio evidencia de cargos criminales en su contra. Recuerde, como hombre, son los cargos criminales, falsos o no, los que siempre implicarán que usted es culpable.

Capítulo 2

Divorcio en términos simples

El divorcio es una demanda entre usted y su esposa que define legalmente su futuro.

Los procedimientos legales tienen que ver con la estrategia.

Se espera que cada lado luche por una representación equitativa. Las mujeres y sus abogados aman a los hombres que pierden el tiempo esperando, deseando o imaginando que están experimentando una mala racha temporal. Es durante esos meses que el proceso sigue avanzando, lo que termina entregando un decreto que favorece a las mujeres.

Francamente, gran parte de lo que lucharás serán las tradiciones y tú mismo.

Tradicionalmente, muchos oficiales de la corte y miembros de nuestra sociedad esperan que entregues las llaves de tu castillo a la mujer de la que te estás divorciando. Las mujeres y sus abogados confían en estas tradiciones para evitar que los hombres hagan valer sus derechos legales en el tribunal de divorcio.

Lo creas o no, corres un alto riesgo de cumplir involuntariamente con las expectativas antes mencionadas.

Asegúrese continuamente de que, a los ojos de la ley estadounidense, usted y su futura ex esposa son iguales. No te conviertas en una víctima de las expectativas de la sociedad. Permanece inquebrantablemente diligente con tu final y superarás estas luchas internas.

Recuerde, las mujeres son tan independientes y capaces como los hombres: cualquier otro punto de vista es la definición de misoginia.

Capítulo 3

El guerrero sonriente

Cuando era niño, mi vecino visitó Japón. A su regreso, me regaló una pequeña talla de madera de un hombre sonriente que tenía una barba delgada y fibrosa vestida con un kimono.

En una inspección más cercana, noté que su mano agarraba una espada escondida debajo de su kimono. Mi vecino me dijo que era conocido como el Guerrero Sonriente.

La miré fijamente hasta que me explicó que su historia le recordaba a mí.

El guerrero sonriente era un samurái. Un maestro espadachín entrenado en el arte de la guerra que, por encima de todo, prefería la paz. Saludó a todos los que conoció con una sonrisa cálida y acogedora y los trató con el máximo respeto. Todos los que encontró lo describieron como un hombre amable y amoroso.

En ocasiones, alguien malinterpretó el comportamiento amable del guerrero sonriente como una debilidad e intentaron explotarlo. Fue durante esos tiempos cuando el guerrero emergió y dio un golpe mortal de la espada escondida debajo de su kimono.

Sé ese guerrero, y si es posible, contrata a un abogado con las mismas cualidades. Tener un abogado amable y amable que esté entrenado en el arte de la batalla es mucho más productivo que un tipo argumentativo abrasivo.

Encontré a mi abogado yendo en línea buscando específicamente las reseñas de los clientes masculinos. Quería un abogado con un historial de fácil acceso que demostrara la capacidad de lograr acuerdos financieros y de custodia exitosos para hombres. Busqué reseñas que mencionaran temas similares a los míos, luego programé una cita para entrevistar a los mejores candidatos.

Haga que sea su prioridad contratar a un abogado del mismo condado en el que se llevará a cabo su divorcio. Si no hay otra opción que contratar a un abogado no local, tenga en cuenta que está perdiendo la ventaja de la corte local.

Es menos probable que un abogado de fuera de la ciudad tenga una relación de trabajo o antecedentes con los funcionarios de la corte de su condado. Además, cada vez que necesite asistir a una audiencia o deposición, sus honorarios incluirán cientos de dólares de tiempo de viaje.

Contratar a un abogado local es ventajoso. Con frecuencia entra y sale del juzgado de su condado. Mientras esté allí, puede enviar la documentación requerida, ahorrándole tarifas por hora y entrega. También interactuará con colegas que están asociados con su caso (los colegas que interactúan entre sí a diario trabajan mejor como equipo que fuera de la ciudad).

Me refiero a propósito a su abogado como una ella porque creo que los hombres se benefician de las mujeres que los representan.

Aquí está mi lógica: las mujeres a menudo contratan abogadas para que las representen. Tal vez se sientan más cómodas compartiendo los detalles íntimos de sus vidas con alguien del mismo sexo, pero su razón para elegir una mujer no importa.

Hombres y mujeres abordan el divorcio desde diferentes perspectivas. Por lo tanto, cuando un hombre se enfrenta a una mujer, hará bien en tener un abogado que entienda la mentalidad femenina.

Su trabajo no termina con encontrar y contratar al abogado perfecto. Su participación activa no terminará hasta que finalice su divorcio.

Use a su abogado para que lo ayude, por ejemplo, si el juez está estableciendo una fecha límite para sus finanzas y usted es consciente de un obstáculo, por ejemplo, tiene compromisos previos que no son flexibles, o anticipa que le llevará más tiempo obtener copias durante el período de tiempo propuesto, luego hable. Haga que su abogado presente sus inquietudes a la corte.

Los jueces también son personas; están abiertos a solicitudes razonables y harán todo lo posible para trabajar con usted. Por otro lado, mantener la boca cerrada bajo la suposición de que está siendo educado y luego perder una fecha límite enfurecerá a su juez. Impresiona al juez respetando su tiempo y tus esfuerzos serán recompensados.

Es posible que sienta que algunos de los consejos de esta guía son demasiado cautelosos. De hecho, algunos de los escenarios que presentaré no se aplicarán a ti, a tu futuro ex o a tu situación. No obstante... permitir que la información fluya. No te obsesiones con tratar de relacionarte con todos y cada uno de los detalles.

Te haré consciente de los problemas que le han sucedido a otros hombres junto con un enfoque universal para lidiar con ellos. Use estas técnicas defensivas universales para protegerse, y si estos problemas nunca surgen, entonces no hay daño, no hay falta.

Aquí hay un ejemplo de la vida real de preparación para eventos que pueden nunca ocurrir que son beneficiosos para todos los involucrados. Recientemente he tomado la conducción de alto rendimiento. Lo primero que aprendí fue que una experiencia de pista segura no era un evento aleatorio.

Antes de atarme al asiento del conductor y pisar el acelerador, tuve que aceptar el hecho de que todas mis acciones y reacciones debían tener un propósito. Despegar sin planificar posibles percances que puedan tener lugar en la pista es un peligro imprudente.

En la pista, sentado en el asiento del pasajero está mi instructor. Si no hago lo correcto, él está atado a su asiento sin salida. Si me descontrolo, es probable que reaccione poniendo su cabeza entre sus piernas con la esperanza de que cuando dejemos de movernos, todavía estará unida a su cuello.

La moraleja de esta historia es que estar preparado y en control de la velocidad y la dirección de su divorcio será muy gratificante, mientras que atarse y seguir adelante para el viaje es demasiado arriesgado.

Capítulo 4

Precauciones universals

Nadie puede predecir con absoluta certeza si su próximo divorcio será de bajo o alto conflicto. Esto se debe a que las experiencias y las tensiones que se avecinan para las parejas que se divorcian son completamente nuevas para ellos. Es probable que las parejas con una larga historia de tratarse mutuamente de manera razonable y justa se comporten de maneras que están completamente fuera de lugar para ellos.

¿Cómo crees que reaccionará el tipo promedio de modales suaves que está ocupado trabajando para mantener a su familia cuando de repente se vea agobiado por los gastos y los requisitos sensibles al tiempo de un divorcio? Lo más probable es que esté al borde de lo frenético, y eso es exactamente con lo que cuentan su esposa y su abogado.

La estrategia ganadora de su futura ex y su abogado es simple: mantener a este tipo en una montaña rusa emocional en todos los asuntos de finanzas, custodia y división de propiedades hasta el punto de que esté abrumado y confundido. No pasará mucho tiempo para que este tipo crea erróneamente que la forma más rápida de terminar con su miseria es dejar que los profesionales hagan lo suyo, por ejemplo, "Firmaré lo que quieras. Por favor, terminemos con esto para que pueda seguir con mi vida".

Irónicamente, cuando estos tipos firman ansiosa y apresuradamente sus derechos *para terminarlo*, el proceso aún tarda meses en hacerse oficial.

Chicos... ralentiza tus pensamientos. A pesar de su apretada agenda y todas sus preocupaciones actuales, habrá tiempo adecuado para lograr todo lo que se requerirá de usted.

Capítulo 5

Vísteme lentamente Tengo prisa

Acabas de recibir papeles para el divorcio, o le entregaste a tu esposa papeles, no te asustes, hay tiempo para que aprendas.

Muchos hombres en su posición piensan que lo mejor que pueden hacer es aceptar lo que su esposa exige. Tal vez sientan la necesidad de demostrar a su familia y amigos que son un buen tipo y un jugador de equipo. Tal vez crean que elegir el camino de menor resistencia será menos costoso. Cualesquiera que sean sus razones, aceptar lo que se les presente es un plan apresurado que resultará en una miseria emocional y financiera significativa a largo plazo.

Señores, su futuro, y si tienen hijos, su futuro se verá afectado por todo lo que hagan entre ahora y el decreto de divorcio final.

Un divorcio bien ejecutado de un matrimonio de varios años puede tomar 12 o más meses.

No te apresures a tomar decisiones de las que luego te arrepentirás.

Una cita atribuida a Napoleón representa mejor lo que les estoy enfatizando.

Napoleón se estaba preparando para entrar en una batalla furiosa cuando le aconsejó a su asistente: "Vísteme lentamente, tengo prisa".

El mensaje de Napoleón estaba a punto. No quería entrar apresuradamente en un campo de batalla y luego encontrarse en combate cuerpo a cuerpo solo para descubrir que su arma lateral se quedó en el campamento.

Muévete lenta y decididamente mientras mantienes tus ojos fijos en el premio: un divorcio justo.

Siempre ten en cuenta que tu oponente es tu antiguo mejor amigo. Ella conoce tus secretos, fortalezas y debilidades más íntimas.

Ella está anticipando cero resistencia de un hombre triste y roto; no el hombre orgulloso y honorable con el que se casó. Pozo... se lleva una sorpresa porque vas a exudar la confianza de un campeón.

Su confianza durante los procedimientos de divorcio la enojará y es probable que arremeta contra usted. No hay motivo de preocupación, simplemente prepárate para su ira y todo estará bien.

No importa lo que ella te lance, siempre mantén la calma. Un desliz de su lengua, pérdida de control o arrebato de ira causará acusaciones, por ejemplo, "¿Mira, ves lo enojado y amenazante que está? ¡He sido oprimido por este horrible hombre durante años!"

No seas víctima de obstáculos diseñados para hacerte perder la calma.

Hasta que su divorcio sea definitivo, imagínese como un hombre que está siendo juzgado en una sala del tribunal cuyas palabras y acciones están siendo juzgadas críticamente por un jurado. El jurado en su caso es su esposa, hijos, parientes, compañeros de trabajo, abogados y, al final, un juez real.

No hay necesidad de sentirse paranoico, simplemente permanezca hipervigilante. Asume que cualquier situación que se te presente y que haga que una persona promedio pierda la compostura es una trampa para hacerte parecer salvaje.

Mantener la calma, la calma y la calma durante los días estresantes que tienes por delante no va a ser fácil. Si tienes un desliz de la lengua, no lo pienses demasiado. Simplemente ofrezca una disculpa sincera y rápida a la persona involucrada, recupere la compostura y luego avance con una pizarra limpia.

Capítulo 6

Esposa feliz, vida feliz

El hombre promedio, casado o soltero, realmente cree que sus deseos, deseos y necesidades son irrelevantes. Caminan por nuestra tierra como robots balbuceando: "Feliz esposa, vida feliz. Feliz esposa, vida feliz ..."

Históricamente, las mujeres crían niños. Entrenan a los niños para que sean serviles, reverentes y eleven a las mujeres a un estatus muy por encima del suyo.

Adoctrinar a los niños para que se conviertan en hombres caballerosos es un método brillante para controlarlos. Los hombres compran fácilmente el concepto de ser un proveedor, protector y guardián del sexo opuesto, *es lo más varonil que hay que hacer.*

No hay nada varonil en estar subordinado a las mujeres.

Conducirse de una manera caballeresca y misógina es hacer alarde de una debilidad explotable en su carácter; una debilidad de la que se aprovechan las mujeres y sus abogados.

Las esposas aprendieron que servir a sus esposos con documentos de divorcio es probablemente todo lo que se necesita para hacer que él se mude inmediatamente de su hogar conyugal. El tipo en realidad dejará todas sus pertenencias atrás.

Todos los días, a los hombres previamente sensatos y responsables se les entregan los papeles de divorcio, y luego abandonan apresuradamente sus vidas para establecerse en apartamentos sin vida. Tiran a la basura muchos de sus derechos mucho antes de poner un pie en una sala del tribunal.

Si tienen hijos, ellos también se quedan atrás. Sin lugar a dudas, las cabezas de sus hijos están girando con incredulidad preguntándose por qué su padre de repente perdió la cabeza y los abandonó.

Pregúntele al tipo que abandonó impulsivamente su hogar por qué lo hizo y le dirá que se mudó para mantener su divorcio amistoso para su esposa y/o hijos. En su corazón, este tipo está convencido de que sus acciones fueron lo correcto.

Tratar al sexo opuesto como débil cuando no lo son, y desechar sus derechos durante una demanda de divorcio es una locura, completamente delirante.

Capítulo 7

Permanezca en su hogar conyugal

Has sobrevivido viviendo bajo el mismo techo con tu futuro ex durante el tiempo previo al divorcio, por lo que no hay razón por la que no puedas permanecer allí hasta que tu divorcio sea definitivo.

Si planea mudarse antes de finalizar su divorcio, entonces será financieramente responsable de su nuevo lugar. También seguirá siendo responsable del hogar conyugal que dejó, junto con la mitad o la totalidad de su mantenimiento y conservación.

Establecer entonces el pago de un segundo hogar durante un tiempo en el que podría estar pagando $ 4,000 al mes en honorarios legales durante los próximos 12 meses no tiene sentido financiero.

Si tiene hijos, establecer un segundo hogar antes de resolver su divorcio envía un fuerte mensaje al juez, por ejemplo, acepta a su esposa como el custodio principal de sus hijos y no estará disponible para apoyarlos durante los tiempos estresantes del divorcio.

En materia de custodia y manutención conyugal. Supongamos que su esposa está exigiendo que se la designe como la custodio principal de sus hijos. También asuma que está exigiendo manutención conyugal futura.

Imagine la dificultad que enfrentará al tratar de convencer a un juez de que sería un mejor padre con custodia y que no puede pagar su demanda de manutención conyugal después de demostrarle al juez que usted es capaz de mantener a dos hogares, mientras la deja sola para cuidar a sus hijos.

Los jueces son personas prácticas y directas. Son tus acciones, no tus intenciones las que hablan.

Supongamos que su plan es mudarse con el propósito de mantener las cosas amigables para su esposa e hijos.

Chicos... El divorcio es un procedimiento legal que disuelve un contrato matrimonial. Dos adultos bajo la dirección de un tribunal o centro de mediación dividirán sus bienes conyugales. Cuando hay niños o mascotas, escribirán un nuevo contrato llamado órdenes de custodia. Sus hijos no estarán físicamente presentes para estos eventos.

Los sentimientos emocionales como amistosos y hostiles no se aplican a los contratos y documentos inanimados.

Hago hincapié en esto porque, una y otra vez, escucho a los chicos decir que se mudaron e hicieron poco para representarse a sí mismos con el fin de "mantener su divorcio amistoso por el bien de los niños".

La mejor manera de mantener la vida familiar para sus hijos durante su divorcio es permanecer a su lado; en su hogar conyugal.

Mantenga vivas las rutinas, esté disponible, sea solidario, mantenga reglas y expectativas, no hable mal ni discuta con su madre.

No es amigable ni le conviene salir repentinamente de un hogar del que usted era una parte activa e integral. Todo lo que posees y todo lo que haces se centra en tu hogar.

Haga una salida apresurada y luego intente regresar para recoger algunas cosas, mire y haga copias de los registros financieros de su familia, recupere las llaves de su unidad de almacenamiento, las herramientas de su garaje, recoja las reliquias familiares de su infancia u otros artículos con los que ingresó al matrimonio (activos no matrimoniales). ¿Qué tal si vienes a tu tradicional noche de pizza semanal con los niños? *Eso no va a pasar...*

Una vez que sales del hogar conyugal, no puedes simplemente volver a entrar, ni puedes eliminar cosas selectivamente. Tendrás que hacer citas con tu futuro ex, quien probablemente se te ocurrirán obstáculos que no te lo pondrán fácil. Este proceso te enojará y la empoderará.

Mientras tanto, mientras estás fuera de la casa con tu divorcio inestable, es probable que tu ex te hable mal de sus amigos y familiares, siempre frente a tus hijos. Los niños verán y escucharán a su madre molesta y llorando. Asumirán que tú eres la causa de que ella esté molesta y eso hará que se resientan contigo.

¿Crees que tu futuro ex defenderá tu ausencia ante tus hijos? Esta es la configuración perfecta para el Síndrome de Alienación Parental. Es entonces cuando uno de los padres vuelve a los niños contra el otro padre, difícil de probar y peor de estar en el extremo receptor.

Cuando llegue el momento de que el juez evalúe a los padres para la custodia, analizarán las rutinas de ambos padres durante los 3 meses previos al divorcio, así como el período de tiempo durante los procedimientos de divorcio.

Un padre que tomó un apartamento será visto como no involucrado, uno que esencialmente otorgó la custodia total de sus hijos a su esposa. Si ese mismo padre sugiriera llevar a sus hijos con él a su nuevo lugar antes de que se resolviera el divorcio, entonces sería visto como alguien dispuesto a desarraigar y causar estragos en las rutinas de sus hijos, por ejemplo, las rutas de autobús y los eventos cotidianos a los que están acostumbrados. Son estas rutinas previas al divorcio donde muchos niños encuentran consuelo mientras sus padres resuelven los detalles de su futuro por separado. Estos mismos aspectos prácticos se aplican a las mascotas de la familia.

Capítulo 8

Nadie es perfecto

No permitas que tu pasado defina tu futuro.

El tribunal evaluará su comportamiento actual; no su pasado remoto. Como tal, su divorcio pendiente es el momento perfecto para que se convierta en la persona que siempre quiso ser.

La mayoría de los divorcios tardan un año en finalizarse, así que, si es necesario, usa este tiempo para reinventarte. No permitas que nadie te convenza de que es demasiado tarde para mejorarte.

Si la policía estuvo involucrada en algo relacionado con su pasado, obtenga una copia del informe policial y revíselo con su abogado. Prepárese para discutir el incidente y demostrar que sus acciones desde el incidente son dignas de elogio.

Lo mismo se aplica a su futura ex esposa. Obtenga informes que la incluyan, porque a diferencia de usted, es posible que no haya trabajado para rectificar sus malos comportamientos pasados.

Muchas personas, mujeres y hombres por igual, tienen problemas de abuso de sustancias, problemas de ira y depresión no tratada. Si caes en una de esas categorías, cámbiala.

¿Necesita terapia? Empezar. ¿Necesita Alcohólicos Anónimos o Narcóticos Anónimos? Empezar. ¿Problemas de ira? Diríjase a ellos inscribiéndose en consejería.

Si no eras un padre modelo hasta este punto, entonces ahora es el momento de comenzar. Si no hizo tiempo para reuniones de padres y maestros, o excursiones de acompañamiento antes del divorcio, hágalo ahora. Si su horario de trabajo no le permite asistir físicamente a las reuniones de padres y maestros, entonces no hay problema. Comuníquese con los maestros de su hijo por correo electrónico. Pregunte si pueden acomodar un chat de video. Si no puede acompañarlo, exprésalo en un correo electrónico y pregunte si hay otras formas de colaborar para que su viaje de campo sea un éxito. Cree un rastro de papel que demuestre su participación.

Capítulo 9

Estrategias basadas en el hogar

Permanezca en el hogar conyugal hasta que se resuelva su divorcio, pero siempre tenga en cuenta que es un hombre que vive con su oponente legal femenino.

Con frecuencia, recuérdate a ti mismo que todo lo que hagas entre ahora y el divorcio final debe tener un propósito. Adhiérase a un plan objetivo no emocional y obtendrá el mejor resultado posible para usted.

Prepara tus dormitorios lejos de tu futuro ex. Dígale que es bienvenida a permanecer en el dormitorio principal. Establezca un lugar para que pueda dormir en una habitación de invitados o sala de estar.

Haga todo lo posible para eliminar lo que necesite de su habitación anterior para que no se entrometa involuntariamente en el espacio de su esposa.

Si tiene un baño principal separado en su hogar, mueva sus artículos de tocador a un baño alternativo.

Organice sus nuevos dormitorios y sitúe sus pertenencias personales de la manera más ordenada y menos intrusiva. Si va a dormir en la sala de estar, guarde su ropa de cama en un armario durante las horas del día, luego sáquela cuando sea hora de dormir.

Si hay un armario de abrigo familiar, cambie los abrigos para guardar su ropa personal.

Mantenga su hogar luciendo y sintiéndose lo más agradable posible. Ser descuidado te preparará para discusiones y burlas.

Si tienes hijos, diles que papá ya no se acostará con mamá y que pueden esperar verte durmiendo en un nuevo lugar.

Dormir lejos y evitar los lugares cercanos entre usted y su futuro ex es la forma más fácil de evitar el conflicto.

Imaginemos por un momento que tu esposa no es la persona más dulce de la tierra. Además de eso, se siente un poco vengativa hacia ti porque ella y sus secuaces anticiparon que te mudarías tan pronto como te entregaran los papeles de divorcio.

Tu futuro ex podría decidir que te retiren por la fuerza haciendo una afirmación falsa de violación o agresión. Ella sabe que frente a cero pruebas, basadas únicamente en su palabra, la policía se pondrá de su lado, lo sacará de su casa y lo arrestará si ella se lo indica.

Lo anterior puede sonar extravagante para usted, pero recuerde, todo el concepto de divorciarse puede haberle parecido extravagante hace unos meses, pero aquí está.

Mantenga una distancia segura de su esposa porque una vez que un hombre es acusado de agredir a una mujer, es culpable hasta que se demuestre su inocencia. Prefiero que te concentres en conseguir un divorcio equitativo que luchar por salir de la cárcel.

No tengas miedo de tus circunstancias. Más bien, manténgase hiperconsciente de su entorno junto con los riesgos potenciales a los que está expuesto durante una relación contenciosa entre hombres y mujeres.

En esta etapa, es posible que esté pensando que la mejor manera de evitar acusaciones falsas es mudarse de su hogar conyugal. Sin embargo, sigo opinando sobre el lado de permanecer en casa. Además, mudarse no eliminará sus riesgos.

Ya sea que permanezca en el hogar conyugal o no, cada vez que se presenta existe el riesgo de que se encuentre protagonizando una escena pública desagradable.

Digamos que se mudó y luego regresó a su hogar conyugal para una visita programada oficialmente. O... usted permaneció en el hogar conyugal y está regresando de un día de trabajo normal.

Te detienes, y de repente tu esposa corre frenéticamente hacia tu auto gritándote que te mantengas alejado. O bien, te detienes, te estacionas, luego, mientras caminas hacia la puerta principal, ella bloquea tu camino; se te mete en la cara y grita. Ella podría incitarte a levantar la voz o apartarla de tu camino. Su comportamiento frenético le da a tus vecinos la impresión de que estás haciendo algo mal.

Los vecinos testificarán de lo que vieron. Usted puede ser arrestado y ser notificado con una orden de no contacto que lo mantendrá alejado de ella y de los niños.

Capítulo 10

Prepárate para ser juzgado

Este capítulo trata sobre la autodefensa.

En Nueva York es legal grabar y grabar en video las interacciones entre usted y su cónyuge. El consentimiento está implícito cuando solo uno de los miembros de la pareja es consciente de que se está llevando a cabo una grabación, por ejemplo, si sabe que está grabando algo entre usted y su cónyuge, ese es todo el consentimiento que necesita. Pídale a su abogado que aclare las reglas en su estado.

La libertad de grabar es fantástica, y si estás en sintonía con los comportamientos y las respuestas de tu esposa al estrés, tendrás una gran ventaja.

Prepárese para capturar momentos en los que su futura ex esposa estará previsiblemente fuera de control. Configura cámaras de niñera donde sepas que es más probable que se comporte mal para grabar toda la acción.

Tal vez su momento favorito para soltarse es después de que los niños se vayan a la cama mientras usted está tomando un bocadillo en la cocina. Tal vez le gusta acosarte cuando estás solo en el garaje trabajando en un proyecto. Si esto suena como su esposa, la cocina y el taller serán lugares perfectos para configurar sus cámaras de niñera.

Si las cámaras de tu niñera se pierden, no es gran cosa. Siempre mantenga su teléfono inteligente a mano y cada vez que sienta que su futuro ex se acerca a su espacio, toque el registro.

Haga que sea un hábito presionar la función de grabación en su teléfono cada vez que llegue a casa del trabajo / recados, o cada vez que usted y su futuro ex vayan a compartir un espacio.

Si su esposa lo confronta sobre sus cámaras de niñera, recuerde, la seguridad del hogar es perfectamente legal.

Si se enoja y destruye sus dispositivos de monitoreo, entonces está protagonizando un video que muestra su destrucción ilegal de la propiedad conyugal.

La realización y la posibilidad de que uno esté grabando al otro es un ganar-ganar. Ambos se esforzarán por evitar acciones lamentables porque se conducirán como si hubiera un juez invisible con una vista de pájaro que documenta todo lo que hacen.

También existe la posibilidad real de que su esposa no tenga ninguna estrategia, excepto anticipar que será como la mayoría de los hombres y dejar que se salga con la suya. Esto es especialmente cierto si ella es narcisista.

Una narcisista estará tan atrapada en admirarse a sí misma y sus habilidades, sin aceptar ninguna responsabilidad por sus acciones, que se permitirá ser filmada actuando tan mal como siempre lo había hecho.

Las grabaciones son valiosos coleccionistas de hechos, especialmente si su esposa tiene una rutina de hablar mal o castrarlo. Envenenar a sus hijos en su contra puede resultar en que ella pierda su oferta de custodia, así como que se le niegue el contacto con sus hijos.

Si surge una situación que se debe a la palabra de una mujer contra la de un hombre, ella tiene la ventaja. Si no hay evidencia registrada, su palabra será tomada como un hecho.

Grabar las interacciones entre usted y su esposa lo protegerá de acusaciones falsas.

Una nota final sobre las grabaciones: Instale cámaras de niñera en las entradas y salidas, así como en el lugar donde se almacenan los objetos de valor, por ejemplo, documentos importantes, los cubiertos de la boda. Si esos artículos desaparecen repentinamente, puede desplazarse por la memoria para descubrir al culpable, luego invitar a la policía a investigar el robo.

Es probable que nunca los necesites, pero en caso de que los eventos tomen un giro equivocado, tus videos pueden nivelar el campo de juego: es la filosofía de "cubrir las bases".

Capítulo 11

Divorcio interino Vida en el hogar

Prepárese para que su esposa, amigos o familiares le sugieran repetidamente y/o lo presionen para que se mude.

Diviértete con estos no partidarios.

Responda a sus amigos y familiares en un tono de hecho, no sarcástico, "No me importa si mi esposa se muda. La ayudaré a empacar si le gusta. De hecho, ella puede mudarse contigo".

Responda a su esposa en un tono muy amable y de apoyo: "Si cree firmemente que es mejor que nos separemos hasta que se resuelva el divorcio, entonces respeto y apoyo su decisión. Avísame cuando quieras irte. Alquilaré una camioneta de mudanza para ti y te ayudaré a empacarla. No te preocupes por nosotros, los niños y yo estaremos bien".

Aquí hay un escenario que puede sucederle mientras permanece en su hogar conyugal: Hubo algunas noches en las que se suponía que debía cuidar a los niños para que su esposa pudiera ir a trabajar. Una de esas noches, de camino a casa desde el trabajo, hubo un accidente que causó un enorme atasco de tráfico. Una vez despejado, tuviste la desgracia de un neumático pinchado por los escombros en la carretera: no llegaste a casa a tiempo. Dos semanas antes, experimentaste una batería agotada y estabas atrapado en el estacionamiento en el trabajo.

Para ambos incidentes, llamó a su esposa y la mantuvo al día.

¿Cómo crees que tu futuro ex describirá esos eventos?

Esto puede parecer descabellado, pero su esposa podría decidir registrar ambos incidentes en su calendario para luego hacer y respaldar una afirmación de que usted es rutinariamente irresponsable en una futura audiencia de custodia.

Imagínese que el juez se vuelve hacia usted y le pregunta si su esposa faltó al trabajo en dos ocasiones debido a usted. Tú respondes: "Sí, pero... "

Ahora imagine que no mantuvo su propio calendario con una captura de pantalla que muestra las llamadas que hizo a su esposa, junto con fotos de los recibos fechados y cronometrados que prueban las reparaciones de su automóvil.

Este tipo de mantenimiento meticuloso de registros lo salvará y tarda solo unos segundos en completarse con su teléfono inteligente. Como tal, cada vez que ocurre algo fuera de lo común, simplemente tómese unos segundos para registrarlo.

No sabes lo que te depara el futuro más que yo, pero si tu esposa decide jugar el juego de la mentira, tendrás pruebas sólidas que demuestren la verdad.

Capítulo 12

La participación activa importa

A su abogado se le pagará ya sea que entregue o no un resultado satisfactorio.

Compara tu situación con la de un club deportivo profesional. Cada semana, los jugadores de los equipos competidores se presentan a jugar, luego, independientemente del resultado, todos los jugadores reciben un pago. Los equipos con entrenadores más fuertes se llevan a casa más victorias.

En el futuro, imagínate a ti mismo como un entrenador fuerte que contrató a un jugador con un tremendo potencial. Su jugador (abogado) es un atleta experimentado. Es una experta en todas las reglas del juego. Lo que le falta a tu jugador es el conocimiento interno y los detalles históricos que te colocaron en una posición para contratarla.

Piénsalo... su abogado acaba de conocerlo el día que la contrató, luego fue enviado inmediatamente al campo con la expectativa de que ella entregará una victoria.

La clave de su éxito es su participación. Dale la evidencia que te hizo ser quien eres hoy para justificar tu defensa, y luego ella traerá a casa una victoria.

Algunos hombres adoptan un enfoque pasivo para su divorcio. Contratan a un abogado muy respetado, le proporcionan lo que ella pide, asisten a las audiencias, luego se sientan para permitir que sus abogados y jueces elaboren los detalles por ellos. Su lógica parece razonable, por ejemplo, están confiando en profesionales que entienden la ley de divorcio, por lo que lo que sea que se les ocurra debe ser justo.

Si planea ser uno de estos tipos, sepa esto: las leyes dictan que todos los participantes sean tratados por igual, pero no lo obligan a participar activamente y hacer valer sus derechos.

Un enfoque pasivo equivale a entregar cajas de declaraciones a su abogado, que sin su interpretación e historia, son tan significativas como ponerlas al borde de la carretera en el día de la basura.

Mientras tanto... mientras maneja pasivamente su divorcio, existe la posibilidad de que su esposa esté participando activamente. Ella está entregando declaraciones como una forma de evidencia con historias adjuntas que ayudarán a su abogado a respaldar sus reclamos; eso es *participación activa.*

¿El resultado? Es probable que su esposa obtenga lo que solicite, siempre y cuando no sea ilegal, porque participó activamente en el proceso.

Siguiendo el escenario anterior hasta su finalización: Doce meses después, se le pide que firme el decreto final. Te das cuenta de que indica que tu hijo pasará todas las vacaciones y vacaciones escolares con tu ex.

Mientras estabas ocupado trabajando, tu futuro ex demostró que no participabas en las vacaciones familiares y que no eras lo suficientemente festivo durante las vacaciones. Como tal, el tribunal concluyó que lo mejor para su hijo era pasar esos momentos exclusivamente con ella.

El hecho del asunto era que evitabas pasar las vacaciones con tu esposa porque era miserable y controladora.

Usted solicitó deliberadamente vacaciones de trabajo y se ofreció como voluntario durante horas extras para evitar estar en presencia de su esposa. Creías que tu ausencia le permitía a tu hijo disfrutar más de las vacaciones al no estar en presencia de dos padres miserables.

También imaginaste tu yo futuro, como un hombre divorciado, finalmente capaz de disfrutar de vacaciones y vacaciones con tu hijo. Asumiste que el decreto simplemente dividiría las vacaciones entre tú y tu ex, porque eso es igualdad.

Lamentablemente, es poco probable que el tribunal sea empático con sus solicitudes de último minuto. En lo que respecta al tribunal, su participación pasiva durante el proceso fue un consentimiento implícito. Finalmente, si crees que lo de las vacaciones será el único problema que descubras que es injusto, entonces estás soñando.

Si espera decisiones justas y razonables en su nombre, entonces debe participar activamente.

Capítulo 13

Amenazas de divorcio

"Adelante, divorcia de mí y te llevaré por todo lo que tienes".

Amenazas como esa son muy efectivas para mantener a un hombre casado. Los chicos se transforman de marido en rehenes emocionales, todo el tiempo murmurando: "Es más barato mantenerla".

Esas son más que amenazas: las mujeres han estado tomando a los hombres por todo lo que valen, financiera y espiritualmente.

Las mujeres recién divorciadas a menudo hacen alarde de sus victorias organizando fiestas en sus antiguos hogares conyugales. Recorre su casa y se ve igual que cuando estaba casada. Entra en su garaje y encontrarás todas las herramientas, coches, etc. de su ex. Lo único que falta es el ex marido. Está viviendo en un pequeño apartamento amueblado con muebles de tiendas de caridad.

Con historias como esa, es fácil ver por qué los hombres temen el divorcio.

Sin embargo, hay buenas noticias para ti.

Hable con la mayoría de los hombres infelizmente divorciados, y es probable que contrataran a un abogado, les entregaran lo que se les pidió, asistieran a las audiencias y luego esperaran la llamada final de la cortina. De ninguna manera estos hombres eran apáticos, simplemente no entendían que necesitaban hacer más para proteger su futuro.

Como padre de cuatro hijos que soportó un matrimonio largo y miserable, no había forma de que permitiera que el sistema me golpeara hasta la pulpa, y luego me dejara con nada más que la capacidad de respirar.

Planeé divorciarme en términos que nos dieran a mis hijos y a mí la capacidad de avanzar en el momento en que se finalizaron los documentos, y eso es exactamente lo que hicimos.

Capítulo 14

El maestro de los detalles gana

En esencia, el divorcio es un proceso completamente desprovisto de emoción que divide el hogar, los bienes y los hijos de una pareja

Si bien el proceso de divorcio es altamente emocional y desmoralizador para sus participantes, es importante tener en cuenta que en una sala de audiencias, estos son simplemente procedimientos; nada personal.

Su juez nunca le preguntará cómo se siente acerca del estado de cuenta de su tarjeta de crédito de un año anterior, o cómo se siente acerca de un cheque cancelado. Sin embargo, exigirán una explicación completa de todas las compras no rutinarias, de modo que puedan asignar la responsabilidad de esa responsabilidad o activo a la parte adecuada, por ejemplo, personal vs. marital.

No subestime el valor de dedicar una enorme cantidad de horas a ordenar sus finanzas para el juez. Separe sus finanzas en dos categorías, personal y marital. Luego, domina los detalles de cada elemento que pasa por tus manos.

Mientras recopila la información financiera exigida por el tribunal, hágalo con un sentido de propósito e importancia.

Cree una lista y un rastro de papel que asigne sólidamente las responsabilidades que pertenecen a su esposa y que demuestre que otras responsabilidades son matrimoniales. Preste atención a las responsabilidades que su esposa podría tratar de reclamar que son solo suyas (responsabilidad personal), porque si tiene éxito, está cambiando lo que habría sido 50% su responsabilidad (responsabilidad matrimonial), a 100% suya.

Digamos que encuentra un cargo por $ 4,000 que su esposa le ocultó previamente y resulta que puede demostrar que la benefició a ella y a su amante, eso es $ 4,000 en deuda que no se dividirá cincuenta y cincuenta. El juez la hará responsable de la cantidad total. Tal vez ella lo ha estado viviendo, tomando vacaciones en solitario, dejándote atrás con los niños mientras acumulas la tarjeta de crédito, esa es su responsabilidad.

Muchos cónyuges toman préstamos durante su matrimonio y, a efectos de conveniencia, los toman bajo un solo nombre; no conjuntamente.

Si solo tiene préstamos a su nombre, pero los ingresos de ese préstamo lo beneficiaron a usted y a su cónyuge, asegúrese de demostrarlo. Prepárese para contrarrestar el reclamo de su esposa de que usted es el único responsable de los préstamos a su nombre.

Los préstamos y las tarjetas de crédito son similares. Es posible que tenga varias tarjetas de crédito solo a su nombre, pero todos los cargos beneficiaron al matrimonio; no solo tú. Cree un rastro de papel que demuestre que ambos se beneficiaron para que ella pueda asumir el 50% de la responsabilidad con ella al salir del matrimonio.

Si trabaja por cuenta propia y construyó su negocio después de casarse, entonces podrían aplicarse los mismos principios. La deuda puede estar solo a su nombre, pero su empresa era una parte integral de la provisión de su familia, por lo que es probable que se considere un activo conyugal. Es probable que su esposa haya participado en la construcción y el mantenimiento de su negocio, por lo que en muchos casos, se le asignará el 50% de la deuda y los activos relacionados con su negocio. Como tal, querrá evitar exagerar el valor de su negocio. Haga que su negocio se evalúe cuidadosamente para que refleje con precisión todos los activos que se deprecian y las condiciones actuales del mercado. Querrá que su negocio evalúe lo más bajo posible porque, al final, uno de ustedes podría estar comprando al otro.

Como una cuestión de rutina, al comienzo de su divorcio, usted y su esposa deberán presentar una lista de activos. Haga una lista muy completa, luego entréguela a su abogado, pero no se detenga allí.

Guarde una copia de esa lista, luego, a medida que avanza su divorcio, considere cuidadosamente cada elemento de esa lista en cuanto a su origen. Su objetivo es reclamar la propiedad de tantos activos como sea posible para el día de liquidación final.

Importantemente... mantenga esto, y todas sus estrategias financieras, completamente en secreto. No se lo digas a un alma. Estas listas son solo para sus ojos: protéjalos. La única vez que esta información se va a compartir con otros es durante la contabilidad final, el día de la liquidación.

Demuestre y delinee claramente qué activos son suyos (personales). Habrá muchos artículos que su esposa afirmará que fueron adquiridos después del matrimonio que, de hecho, usted trajo al matrimonio. Una esposa comúnmente afirmará que los artículos que trajiste al matrimonio fueron regalos de boda; no traído al matrimonio por ti. Muchos hombres consideran que tales artículos son demasiado insignificantes para molestarse en protegerlos. No seas uno de esos tipos. Haga que su objetivo sea reclamar todo lo que pueda en su lista de activos personales.

No subestime los miles de dólares que podría ganar al aferrarse a activos personales aparentemente insignificantes. Muebles, teléfonos, computadoras, televisores, cubiertos y electrodomésticos se suman rápidamente.

Digamos que demuestras que quince, los artículos de $ 800 son solo tuyos. Eso es $ 12,000 en su bolsillo, suficiente para cubrir varios meses en honorarios de abogados. A la izquierda en la columna de bienes conyugales, estarías tirando $ 6,000.

Por otro lado, prepárese para demostrar que los activos que su esposa intentará reclamar como propios, son de hecho matrimoniales: obtenga créditos del 50% siempre que pueda.

No pasará mucho tiempo antes de que esté configurando su nuevo hogar. El dinero será escaso, por lo que no querrás volver a comprar todos esos artículos.

Recuerde la lección que mencioné anteriormente: el litigante con la evidencia gana. Si puede mostrarle al juez evidencia razonable de que un activo es suyo y su esposa no tiene nada preparado para demostrar que está equivocado, entonces es probable que obtenga el crédito.

Acabo de cargarte con muchos detalles que podrían hacerte sentir abrumado. Tomemos un descanso y veamos el proceso como algo más general.

Los jueces y abogados saben exactamente lo que se espera durante un divorcio; los litigantes a menudo no tienen ni idea. Saber qué esperar, y qué se espera legalmente de usted, calmará sus nervios el día del acuerdo.

Imaginemos a su juez como un panadero profesional en lugar de un juez. El trabajo de su panadero es hacer un pastel de 4 capas con glaseado. Para hacer bien su trabajo, requerirán ingredientes específicos, sartenes especiales, un horno, un temporizador y, al final, producirán un pastel.

La tarea de un juez en la creación de un divorcio adecuado es la misma que el panadero horneando un pastel; ambos requieren ingredientes específicos para producir un resultado aceptable. Naturalmente, el pastel solo será tan bueno como sus ingredientes.

Un juez escribe su lista de demandas: la receta. Usted y su futuro ex proporcionan lo que se exige: los ingredientes. El juez evalúa y mezcla los ingredientes, establece un temporizador y, al final, produce un divorcio.

Romper un contrato matrimonial sigue una receta específica cuyos ingredientes están dictados por la ley.

No es diferente de hornear un pastel, romper un contrato matrimonial no incluye ingredientes de rupturas emocionales, depresión, ira o de otra manera.

Proporcione a su juez ingredientes pobres y su divorcio no sabrá bien.

Intentar retrasar el proceso afirmando que está demasiado deprimido, o que el sistema está en su contra, no alterará la línea de tiempo en la que tendrá que entregar los ingredientes.

Proporcionar al juez 1 huevo en lugar de los 3 solicitados no detendrá el proceso. El juez compensará sus déficits utilizando los ingredientes proporcionados por su futuro ex, y no es probable que esté satisfecho con ese resultado.

Con respecto a sus sentimientos y emociones: Está bien ser tan dramático como quiera ser con aquellos que lo apoyan, consulte a un terapeuta si es necesario. Sin embargo, cuando trate con su abogado y juez, mantenga sus emociones a raya. Para ellos, manténgase enfocado en proporcionar todos los detalles meticulosos que requieren para representar adecuadamente sus derechos legales.

Su abogado le está cobrando por minuto. Úsela por su experiencia legal, no como su terapeuta. Apéguese al negocio en cuestión, ahorre dinero y gane.

Capítulo 15

Anticipa traiciones

Experimentarás muchas traiciones durante tu divorcio.

Anticipa que tu ex será tu ex envenenará pasivamente agresivamente a maestros, vecinos, tus padres e hijos en tu contra.

Estas traiciones serán dolorosas, especialmente en un momento en que necesitas el apoyo de aquellos que siempre asumiste que eran tus seres queridos. Sin embargo, como con la mayoría de los eventos negativos, hay algo positivo que se puede obtener de ellos.

Al pasar tiempo envenenando a otros en tu contra, tu esposa te está ayudando.

Ella está eliminando a las personas en tu vida que no eran tus verdaderos amigos. Está perdiendo el tiempo que debería gastar en la preparación del divorcio. Sus acciones están aumentando la probabilidad de que obtenga la mayor parte de su acuerdo de divorcio.

Ignórala a ella y a cualquier otra persona con vibraciones negativas.

No pierdas ni un minuto tratando de defenderte, o recuperando a la gente traidora porque te distraerá de recopilar, documentar, organizar y presentar todo lo que necesitas para llegar a la cima.

Abraza el camino solitario en el que te encuentras. Luego, después de su divorcio, puede establecer relaciones nuevas y más saludables.

Mi descripción del escenario de traición puede parecer frívola, pero no se equivoque, los eventos que no están directamente relacionados con su divorcio destruirán su energía.

Las pérdidas que experimenté fueron agotadoras. Hubo momentos en los que pensé: "Si es solo dinero y cosas que ella quiere, entonces tómalas. Todo lo que quiero es que esta tortura termine para poder seguir con mi vida".

Afortunadamente, cuando llegaron esos días oscuros, estaba manteniendo mi círculo muy pequeño a propósito. Todas mis interacciones se limitaron a amigos y familiares de pensamiento positivo; cero contacto con todos los dramaturgos. Mis amigos y familiares me ayudaron a salir de la oscuridad y me mantuvieron en el camino.

Con el paso del tiempo, lloré las pérdidas de aquellos que me traicionaron como si fueran muertes. Están fuera de mi vida para siempre.

Cualquier drama que tu esposa, o sus secuaces intenten traer a tu vida, no son más que intentos desesperados de descarrilarte de representar adecuadamente tus intereses, no caigas en ellos.

Su divorcio no tomará una eternidad. Cada día te acerca a un nuevo y glorioso comienzo.

Capítulo 16

El tiempo y el dinero importan

Una vez que su divorcio es inminente, por ejemplo, es simplemente una cuestión de quién sirve a quién y cuándo, entonces haga todo lo posible para que su esposa le sirva. Más lejos... haz que te sirva en el momento que sea mejor para ti, por ejemplo, un momento en que todos tus patos estén en fila.

Digamos que la primera parte está hecha, por ejemplo, tu esposa será la que te sirva, pero aprendes que ella te va a servir antes de lo que es ideal para ti. En este caso, suplíquele que reconsidere servirle hasta una fecha posterior. Finja desesperación y apele a ella para que se detenga, por ejemplo, se acercan unas vacaciones o sus hijos se están preparando para la final y no necesitan la distracción de un divorcio.

Al final, deje que ella sea la que le sirva porque al menos en el estado de Nueva York, el que solicita el divorcio es el responsable del costo de la presentación inicial, así como del juicio sumario final (miles de dólares). Pídale a su abogado que le explique las reglas en su estado.

El día que me sirvieron, llegué a casa después de dejar a los niños en la escuela y encontré un sheriff en mi camino de entrada. Me estacioné, luego con una gran sonrisa en mi rostro, "Hola, soy Richard Wood. Tienes papeles de divorcio para mí". El sheriff dijo que esa era la primera vez que lo esperaban y lo saludaban tan calurosamente: estaba listo y ansioso.

El tiempo también es crítico cuando se trata de administrar el activo más grande de su matrimonio: su hogar conyugal.

En primer lugar, no haga ninguna mejora en la propiedad porque una casa que necesita amor y mejoras se evaluará bajo. Querrá una tasación baja cuando llegue el momento de dividir los bienes matrimoniales.

***Importante:** Al ordenar una tasación de casa conyugal, asegúrese de contratar un servicio de tasación que haya sido mutuamente acordado por usted y su esposa, luego haga que sus abogados* *pongan ese acuerdo por escrito. Si no toma esa precaución, corre el riesgo de ser acusado de obtener una evaluación sesgada. En esa situación, el juez podría exigir una nueva evaluación durante las últimas horas, lo que será costoso y retrasará su salida. En mi caso, mi esposa y su abogado hicieron ese reclamo, pero inmediatamente respondimos a su reclamo mostrando a nuestro juez el acuerdo por escrito, y nuestro caso procedió a tiempo.*

Fue increíble estar preparado para la torpeza de mi oponente e igualmente agradable verlos perder credibilidad con nuestro juez (estaba visiblemente molesto con ellos por jugar sucio).

La historia de fondo fue que mi esposa y yo no teníamos ninguna relación previa con la compañía de tasación. De hecho, nuestros abogados eligieron al azar al tasador y ninguno de ellos trabajó con esa compañía antes.

Consejo para el día de la tasación: *Salude al tasador y si su esposa está presente, preséntela cordialmente. A continuación, proporcione una breve historia de su hogar y propiedad, seguido de un recorrido mientras señala las necesidades de la casa. Luego, deje al tasador solo para que haga su trabajo. Permanezca disponible para preguntas, pero no pase el cursor.*

El día de nuestra tasación, señalé que mi casa era una antigua compra de ejecución hipotecaria con buenos huesos que tenía la intención de renovar, pero las circunstancias financieras detuvieron todos los proyectos. Le informé al tasador que nunca llegué a pavimentar el camino de grava mal drenado, instalar barandillas de seguridad alrededor de las cubiertas, actualizar la cocina, los baños, reemplazar las ventanas de 40 años que se veían bien, pero en una inspección más cercana, no funcionaban bien y tenían muchos espacios de aire.

Podría pensar que los detalles que señalé serían obvios para un tasador, pero los tasadores a menudo buscan un panorama general. Marcan las casillas en una lista de verificación general, como la antigüedad del techo, la edad del sistema HVAC, etc., y luego envían la información a una computadora para comparar los precios. Como tal, es importante señalar detalles específicos que disminuirán el valor de su casa durante una inspección cuidadosa de un futuro comprador o evaluación de la compañía hipotecaria.

Si planea permanecer en el hogar conyugal después del divorcio, entonces comprará a su ex por la mitad del valor de tasación. La misma regla se aplica si planea vender su mitad a su esposa. En cualquier escenario, mantenga su hogar de tal manera que se evalúe bajo. Invertir en mejoras en el hogar durante un divorcio siempre es una mala idea, especialmente porque necesitará mucho efectivo disponible para pagar el proceso.

Si ninguno de los dos planea seguir siendo el hogar conyugal, entonces esto representa una oportunidad financiera increíble para usted.

Dígale a la corte que decidió permanecer en el hogar conyugal y comprar la mitad de su esposa como parte del acuerdo.

Comprará a su esposa a la tasación baja(la casa necesita valor de cuidado - luego, después de que el divorcio sea definitivo, lo arreglará, lo venderá y se embolsará el 100% de las ganancias. Hice esto y luego me mudé a un mercado mucho menos costoso y patrociné un gran nuevo comienzo para mí.

Algo que debe evitar: Las parejas que no planean permanecer en el hogar conyugal, a menudo hacen planes para vender la casa como copropietarios. No aceptes ese plan. He conocido parejas que tomaron esa ruta. Sus hogares se convirtieron en cargas contenciosas que unieron a los dos mucho después de que su matrimonio se disolviera.

Habrá impuestos conjuntos, seguros, pagos de hipotecas, mantenimiento, servicios públicos, agentes inmobiliarios, la lista continúa. Si no se vende rápidamente, ustedes dos podrían considerar hacer mejoras. Todo el proceso requiere financiación conjunta. En mi experiencia, la mitad de la pareja, a menudo la mujer, se negará a inventar su mitad. ¿Crees que ese escenario se desarrollará bien entre tú y tu ex?

Si no tiene el efectivo para comprarla, obtenga una hipoteca a su nombre. Haz todo lo que esté a tu alcance para cortar los lazos con tu ex y prepararte para obtener ganancias más tarde.

Compre la casa, obtenga el título y toda la responsabilidad a su nombre. Estarás libre de cualquier drama y podrás hacer lo que quieras con él cuando tu ex ya no esté atado a ti.

Veamos algunos números. Suponiendo que la tasación previa al divorcio de su casa llegó a $ 180,000 y está planeando comprar a su esposa. Comprará a su esposa por $ 90,000 (hipotecado o poseído, el monto de la compra es el mismo).

Después de que se finalice el divorcio, usted hace mejoras en la casa con un poco de grasa en el codo y una inversión de $ 25,000. Después de las mejoras, su nueva tasación cuesta $ 300,000.

En resumen: Cuando su esposa se fue, usted era dueño de una casa de $ 180,000. Invirtió un poco de grasa en el codo y $ 25,000. Ahora, el nuevo valor es de $ 300,000 - su ganancia es de $ 95,000.

Otro consejo: tenía un remolque de caballos valorado en $ 4,000. Lo compré durante mi matrimonio, por lo que era un activo conyugal. Inicialmente planeé mantenerlo y comprar a mi esposa al cincuenta por ciento de su valor. Sin embargo, a medida que avanzaba mi divorcio, el dinero se ajustó y necesitaba $ 4,000 en efectivo para pagar los honorarios de los abogados.

En el estado de Nueva York, pude vender ese remolque por su valor total de $ 4,000, luego usar todos los ingresos para pagar los gastos directos del divorcio.

Cuando llegó la contabilidad final del divorcio, el remolque de caballos ya no estaba en los libros como un activo conyugal, o cualquier activo en absoluto. Perfectamente legal, mi esposa no recibió $ 2,000 como se planeó originalmente, y me embolsé una ganancia neta de $ 2,000. Ella literalmente pagó algunos de mis honorarios legales.

En el gran esquema de las cosas, las ganancias del remolque eran pequeñas. Sin embargo, el impacto en la oposición fue grande, por ejemplo, fueron tomados por sorpresa, perdieron la calma y luego no se prepararon para mi próxima victoria.

Capítulo 17

Hijos y custodia

Su enfoque hacia sus hijos, como el proceso de divorcio, se realiza mejor evitando activa y consistentemente el drama.

Siempre mantén la calma, la calma y la coherencia con tus hijos.

Si antes de su divorcio le habría negado el acceso a un teléfono celular durante una semana a su hijo por recibir malas calificaciones, continúe haciéndolo.

Anticipa que la culpa entre en tu mente y juegue con tus emociones cada vez que pienses en que tus hijos viven en un hogar dividido. Evite la tentación de compensar en exceso, por ejemplo, no elimine ni relaje las expectativas que tiene para sus hijos.

Mantener las rutinas y reglas con las que crió a sus hijos les asegurará que pueden contar con usted para seguir siendo su padre confiable y confiable habitual.

Si sus hijos de repente y de manera inusual comienzan a romper las reglas, o les va mal en la escuela, no dude en llevarlos a ver a un consejero infantil.

Normalmente no recurriría a un consejero de inmediato, pero durante estos momentos estresantes, momentos en que es más probable que su esposa socave sus reglas sin otra razón que hacerse aparecer como el buen padre, sus hijos pueden beneficiarse de la ayuda externa.

La mayoría de los niños son lo suficientemente inteligentes como para ver el acto de "buen padre" por la acción manipuladora que es. Sin embargo, si no se controla, algunos podrían disfrutar de la atención poco sincera. Convertirán la situación en el juego, y eventualmente pasarán a enfrentarte a ti y a tu esposa entre sí.

Contratar a un consejero como persona de apoyo para sus hijos, en lugar de tratar de abordar la situación como padre, cuando es probable que su esposa no apoye sus esfuerzos es un plan sólido.

Durante mi divorcio, quedó claro que mis hijos podían beneficiarse de la consejería, pero cuando se la planteé a mi esposa, ella se opuso rotundamente.

Mi abogado me informó que no requería el permiso de mi esposa para llevar a los niños a un consejero, o a cualquier otro profesional de la salud, así que reservé citas y luego senté a los niños frente a su madre para anunciar mi plan.

Inmediatamente después de decirles a los niños que se reunirían con un consejero, mi esposa hizo todo lo posible para descarrilar mi plan. "Vamos, niños, tu papá no tiene ningún sentido. No necesitas hablar con algún viejo consejero aterrador. Sabes que mamá y papá se están divorciando. El divorcio no es gran cosa en estos días, por lo que no hay necesidad de perder el tiempo con un consejero. Tengo una idea mucho mejor. ¡Vamos a tomar un helado! ¡Apuesto a que puedo vencerlos a todos en el auto!"

Confía en tu instinto. Si algo dentro de ti es revelador es que tus hijos se beneficiarían de chatear con una persona externa, neutral y sin prejuicios, entonces haz que suceda.

Asegure a sus hijos que es normal que los niños se desvíen del camino cuando sus padres se están divorciando. Explique que los padres que se divorcian no siempre trabajan bien juntos y le preocupa que sus cambios de comportamiento recientes sean señales de que no están teniendo la oportunidad de compartir sus sentimientos y preocupaciones personales.

Reconozca que los niños en su situación a menudo sienten la necesidad de ponerse del lado de uno de los padres sobre el otro. Los niños en su posición a menudo se sienten presionados a decirle a uno o ambos padres lo que creen que quieren escuchar, en lugar de lo que realmente sienten.

Explícales que eres su padre, no un consejero experimentado. Hágales saber que le preocupa que pueda estar perdiendo algo con lo que un consejero pueda ayudarlo fácilmente.

"Niños, aquí está el trato. El consejero que vas a conocer no nos dirá a tu mamá ni a mí nada de lo que hables a menos que esté preocupada de que puedas hacerte daño físico a ti mismo o a otros. Aparte de eso, ella se quedará con todo lo que hablas para sí misma. Si hay algo que te molesta, siéntete libre de decírselo porque es probable que te enseñe estrategias que te ayudarán a sentirte mejor. Estoy seguro de que te has dado cuenta de que he estado un poco preocupado por mi situación personal, pero no estoy lo suficientemente preocupado como para no darte cuenta de que ya no te va bien en la escuela, o que no hablamos tan libremente como solíamos hacerlo. Ver a este consejero es un buen plan. Estoy convencido de que apreciarás lo que ella tiene para ofrecer".

Es posible que nuestros hijos no piensen en pedir ayuda por su cuenta, por lo que depende de nosotros como padres responsables mostrarles el camino. Si no actuamos en su nombre, corren un mayor riesgo de recurrir a mecanismos de afrontamiento poco saludables.

No tema enviar a sus hijos a un consejero privado independiente. Estos profesionales son cajas de resonancia objetivas para sus hijos. Usted los selecciona y ayudan a sus hijos a superar los momentos difíciles. No confunda a un consejero privado con un consejero designado por la corte.

Un consejero designado por la corte realiza inquisiciones, luego disecciona las relaciones, para encontrar fallas con uno o ambos de los padres con el único propósito de ayudar a la corte a determinar la custodia. No son cajas de resonancia para sus hijos, ni son defensores de los niños. Los consejeros designados por la corte son conocidos por colocar a los niños con las madres sobre los padres, incluso con las madres que tienen un historial comprobado de abuso infantil.

En mi caso, el asesoramiento y las conversaciones confidenciales entre mis hijos y su terapeuta resultaron ser un gran beneficio en la sala del tribunal.

Mi ex y yo estábamos asistiendo a una audiencia de estado ordenada por la corte. Nuestro juez nos preguntó dónde estábamos parados en asuntos de custodia. El abogado de mi esposa se puso de pie y comenzó a decir mentiras sobre mi comportamiento hacia mis hijos, incluida la afirmación de que era un padre con custodia no apto.

El abogado de mi esposa sabía que el tribunal no llevaría a los niños a la sala del tribunal para sus opiniones, por lo que estaba recurriendo a desacreditarme con mentiras y rumores.

Como se mencionó anteriormente, en ausencia de pruebas, la palabra de una mujer a menudo se toma sobre la de un hombre, pero estaba preparado para ese evento.

Mi abogado inmediatamente presentó al juez y a la oposición el nombre y la dirección de un testigo creíble: el terapeuta de niños. Además, presentó facturas y canceló cheques que demostraban que los niños tuvieron varias sesiones durante el año previo a esa audiencia.

Mi abogado luego le pidió al juez que citara al terapeuta del niño para obtener un resumen oficial de sus hallazgos.

Mi esposa y su abogado se sentaron en la sala del tribunal con los ojos agachados. Luego, después de unos segundos de reunión, mi esposa renunció a su demanda de custodia para tres de nuestros cuatro hijos.

El terapeuta nunca pisó la sala del tribunal, y en un momento glorioso, gané la custodia exclusiva de tres de mis hijos.

Mi éxito fue el resultado de una preparación persistente y adecuada.

Capítulo 18

Circunstancias especiales y manutención de los hijos

El divorcio para la mayoría de los hombres será recordado como un punto bajo en sus vidas. Sin embargo, para un subconjunto de hombres, el divorcio es la oportunidad perfecta para reorganizar y mejorar la calidad de sus vidas.

La gestión familiar es lo mismo que la gestión de un negocio. Hay presupuestos, redes, expansión, contracción, contratación y despido de empleados, deudas, adquisiciones de propiedades, activos líquidos, planificación fiscal: usted tiene la imagen.

En el mundo de los negocios, cuando las pérdidas son demasiado grandes para recuperarse, una empresa puede solicitar la protección del Capítulo 13.

El Capítulo 13 es un proceso de bancarrota de reorganización que libera la deuda para el propietario de un negocio en dificultades, un nuevo comienzo si se quiere. El empresario dio su mejor oportunidad, pero cuando todo estaba dicho y hecho, su mejor oportunidad no fue lo suficientemente buena, por lo que están legalmente renunciados a toda deuda.

Hay circunstancias especiales de divorcio cuando un hombre puede considerar presentar el Capítulo 13 per se. Por ejemplo, manejó a su familia lo mejor que pudo, pero al final, lo mejor de sí mismo no fue lo suficientemente bueno.

¿Qué quiero decir con circunstancias especiales?

Tal vez seas un tipo con una carrera internacional ocupada y otras responsabilidades que consumen mucho tiempo. Pasar tiempo de calidad con sus hijos es imposible; nada de ti es un hombre de familia. Siempre has mantenido a tu familia, y no estás insatisfecho con la forma en que tu esposa está criando a tus hijos.

Podrías ser un tipo que es completamente diferente del hombre de negocios antes mencionado.

Estás activamente involucrado con tu familia, tienes una carrera familiar, pero hay un problema grave: tu esposa e hijos no aprecian tu dedicación y autosacrificio. Si eres este tipo, y te pido que describas dos momentos memorables y felices con tu familia, es probable que no puedas recordar un solo momento alegre. De hecho, tu familia no ha hecho más que tratarte como un felpudo.

Si puede relacionarse con uno o una combinación de estos tipos, podría ser mejor para usted evitar un divorcio tradicional.

En lugar de tomar la ruta tradicional como pasajero en su divorcio, tome el volante y use su divorcio como un vehículo para reorganizar su vida para comenzar de nuevo.

Es completamente apropiado que aplique un enfoque fragmentario a su divorcio, por ejemplo, "Tomaré esto. no, eso no funcionó para mí antes y ciertamente no va a funcionar para mí como un tipo divorciado".

Tal como lo haría durante un divorcio tradicional, habrá una división de cincuenta y cincuenta de los activos matrimoniales con su esposa, pero en lugar de llegar a un acuerdo de custodia compartida, le dará la custodia exclusiva de sus hijos.

¿Por qué? Si eres el hombre de negocios, siempre has estado demasiado ocupado y seguirás estando demasiado ocupado para funcionar como un hombre de familia.

Renunciar a su derecho a la custodia es simplemente designar legalmente a su esposa como la persona que estará 100% a cargo de sus hijos, sin cambios con respecto a su situación matrimonial. Al hacerlo, has forjado y mantenido la responsabilidad financiera que siempre tuviste, pero dejas atrás la expectativa poco realista de tu futura presencia física.

Si el empresario de arriba tomara el enfoque tradicional, habría terminado con un acuerdo de divorcio que estipulaba una responsabilidad de custodia del 50%. Sin duda, su ex lo molestaría para pasar los fines de semana y las vacaciones con sus hijos, tiempo que nunca tendrá. Sus hijos se convertirían en una fuente de lucha entre él y su ex, una situación desastrosa para todos los involucrados.

A continuación, supongamos que eres el tipo de familia no apreciado. El divorcio probablemente pasó por tu mente innumerables veces, pero el viejo adagio, "es más barato mantenerla", te impidió desconectarlo. Era el miedo al divorcio, el miedo a que no pudieras permitirte irte lo que te mantenía miserablemente encadenado a tu familia.

Financieramente, hay grandes noticias para todo tipo de hombres: los premios astronómicos y subjetivos de manutención infantil y pensión alimenticia son cosa del pasado.

Los días de pagar la pensión alimenticia a su ex esposa con el fin de mantener su condición de ama de casa, una posición que ocupó durante los años en que estuvo casado con ella, han terminado.

Atrás quedaron los días de la misoginia chovinista. Las mujeres ahora están sujetas a los mismos estándares que los hombres. Las mujeres y las madres finalmente son apreciadas y reconocidas por su capacidad para trabajar y ganarse la vida de la misma manera que los hombres y los padres.

Otro elemento en la columna de ganancia para los padres sin custodia es que la mayoría de los estados se adhieren a fórmulas específicas para determinar la manutención de los hijos. Estas fórmulas benefician al padre que paga la manutención mucho más que al padre receptor.

Supongamos que tiene un hijo, vive en el estado de Nueva York y renunció a la custodia de su hijo. Se le ordenará que pague al padre con custodia el 17% de sus ingresos hasta que su hijo cumpla 21 años. Para dos niños 29%, 31% para tres a cuatro, y al menos 35% para cinco o más niños.

Como padre sin custodia, si tiene un plan de seguro de salud en el trabajo, se le pedirá que lo mantenga para sus hijos hasta que tengan 21 años. Esto puede sonar caro, pero los copagos, los costos de los medicamentos, la atención dental y todos los gastos no cubiertos son responsabilidad del padre con custodia.

Considere el siguiente escenario: Usted entrega la custodia de sus dos hijos y está ganando $ 60,000 al año. Pagará a su ex $ 17,400 al año hasta que su hijo mayor cumpla 21 años, luego pagará la cantidad reducida de $ 10,200 por año hasta que su hijo menor cumpla 21 años. Imagínese viviendo una vida soltera, permitiendo que su esposa críe a sus dos hijos mientras tiene entre $ 42,600 y $ 49,800 para gastar como desee.

La manutención de los hijos que pagaría cubre todo: ropa, comida, actividades extracurriculares, niñeras, niñeras, lecciones, uniformes, deportes, transporte, automóviles, licencias, seguros, lo que sea, eso es todo lo que se espera que pague.

Dicho esto, si en algún momento desea entregar más fondos a su ex para sus hijos, por ejemplo, para trabajos de ortodoncia, vacaciones, universidad, entonces es libre de hacerlo, es un regalo; no hay obligación legal.

Renunciar a la custodia no significa no tener contacto, ni excluir la opción de interactuar con sus hijos, simplemente está evitando las visitas contractuales. Si sus hijos desean pasar el rato con usted, vacacionar con usted o cualquier otra cosa, simplemente le preguntan a su madre.

Imagínese ser una mosca en la pared presenciando la conversación de despedida entre el tipo no apreciado y su ex esposa: "Cariño, los papeles que usted y su abogado me sirvieron exigieron que permaneciera en nuestra casa con nuestros hijos y mascotas. Siempre has dicho que he hecho un mal trabajo siendo padre y nuestros hijos sienten lo mismo que tú. Míralo como si todos estuvieran obteniendo lo que querían. Realmente... enhorabuena, muy bien jugado. Ah, y no olvides que las órdenes del juez establecen que tienes seis meses para pagarme por la mitad de nuestra casa, o necesita ser vendida".

Como beneficiario de manutención de los hijos, puedo decirle que la cantidad que recibo no es suficiente para cubrir los costos de criar a mis hijos. Curiosamente, mi ex no me ha enviado ningún regalo a mí ni a nuestros hijos.

¿Siento que los pagos de custodia de los hijos son demasiado bajos e injustos para mí como padre con custodia? Absolutamente no. Creo que las fórmulas modernas de custodia de los hijos reflejan lo que la persona promedio es capaz de pagar, sin ponerla en la ruina financiera.

Siempre entendí que traer niños al mundo era una gran responsabilidad financiera.

Convertirme en madre soltera con el privilegio de la custodia exclusiva de tres de mis hijos significaba que pasaría de un hogar de dos ingresos a un hogar de un solo ingreso, y asumiría obligaciones financieras adicionales.

Sin embargo, administrar las finanzas como madre soltera era mucho mejor que cuando estaba casada. Como hombre casado, mi esposa me trató como si tuviera acceso a un pozo de dinero sin fondo. Aquí hay una conversación típica que tuvo lugar en mi casa cuando mi esposa exigió dinero que no existía.

Yo, "Cariño, no hay más dinero, estamos al máximo. Si desea que los niños permanezcan en una escuela privada, entonces tendremos que reducir los costos. Estoy feliz de trabajar contigo, sentémonos y hagamos que suceda. ¿Qué tal si disminuimos nuestras noches de citas a una vez, o dos veces al mes en lugar de una vez a la semana? Ahorraríamos en cenas y niñeras. Después de 6 meses, ahorraríamos suficiente dinero y podemos considerar agregar noches de citas más frecuentes. Oh... una mejor idea. Casi nunca usamos nuestra casa de vacaciones, ¿qué tal si la vendemos? Solo ese lugar nos está costando $ 2,000 al mes".

Ella, "Eso es una completa mierda. ¿Por qué me castigas? ¡Qué tal si consigues otro trabajo!"

No echo de menos esas conversaciones.

Como padre con custodia, si decido que se necesita más dinero para criar a mis hijos, entonces depende de mí poner más esfuerzo en presupuestar o ganar.

Llévate a casa puntos: Las leyes no exigen que los papás o las mamás estén disponibles para sus hijos el 50% del tiempo, o cualquiera de las veces para el caso. Las leyes en la mayoría de los estados protegen al padre sin custodia de pagar más manutención infantil de la que puede pagar. Finalmente, si decide otorgar a su ex esposa la custodia exclusiva de sus hijos, consuélese sabiendo que es socialmente aceptable.

Espero que la información de esta guía lo haya inspirado a abordar su divorcio en igualdad de condiciones.

Recuerde, no pierda un valioso tiempo de preparación para el divorcio preocupándose por los roles y expectativas tradicionales.

Cuando todo esté dicho y hecho, quedará claro que sus necesidades, deseos, expectativas y futuro eran tan importantes como los de su ex esposa.

Capítulo 19

Sala de audiencias versus mediación

Una idea errónea común, sospecho que el resultado de esfuerzos de marketing exitosos, es que usar un mediador para resolver su divorcio es menos costoso, más amigable y más fácil que pasar por una sala del tribunal con un juez.

La mediación puede estar bien para una pareja sencilla sin hijos que trabaja bien juntos y sabe exactamente lo que quieren de su divorcio. Simplemente necesitan que el sistema legal marque todas las casillas necesarias y luego firme su acuerdo. Dudo que conozcas a muchas personas divorciadas así. Además, dos abogados pueden escribir fácilmente una disolución para parejas agradables, luego presentarla a un juez porque al final, ahí es donde terminan los documentos generados en la oficina del mediador de todos modos.

La mediación puede parecer atractiva para los uniformados. Los participantes no requieren un abogado a menos que lo deseen. Los mediadores en sí mismos no están obligados a ser abogados. Como tales, pueden ofrecer tarifas asequibles de medio día y día completo en lugar de cobrar por minuto como lo harán los abogados. La desventaja es que todos pueden dejar al mediador con un acuerdo para que el juez lo firme, solo para descubrir que lo que todos resolvieron no era legal. En ese momento, es probable que contrate abogados y comience de cero en la corte.

A diferencia de la mediación, una sala de audiencias deja poco espacio para los juegos, por ejemplo, los litigantes no pueden seguir inventando excusas para retrasar el papeleo, los informes y demás. Los plazos establecidos por el tribunal no son suaves, por ejemplo, si antes del 1 de julio, se les pide a ambas partes que presenten una lista de todos los activos, entonces eso es lo que ocurre. La mediación puede tener un asunto tan simple como ese prolongado durante años, por ejemplo, una o ambas partes pueden encontrar continuamente excusas de por qué no pueden determinar los activos antes de la fecha límite. Al final, el proceso de tratar de dividir los activos y decidir los asuntos de custodia en el mediador puede continuar durante 5 años, dejándolo a usted, a su futuro ex y a cualquier niño en un miserable estado de limbo.

Aunque de ninguna manera la intención, la mediación se presta al juego, el drama y las tonterías. El tipo de tonterías que podrían desgastarte y hacer que hagas concesiones que de otra manera no tendrías. Si tu esposa es una manipuladora narcisista, y tu mediador sospechable y crédulo, entonces te espera un viaje horrible.

Las parejas pueden pasar años en mediación sin llegar a un acuerdo: miles de dólares, miles de días y nada. No hay nada amistoso o agradable en eso.

La sala del tribunal no tolerará tonterías insolentes. Si usted o su esposa reclaman dificultades para determinar los activos, se le asignará un contador forense y se establecerá una fecha límite para presentar la información requerida.

La sala del tribunal es un lugar objetivo, sensato, sin drama con plazos firmes donde al final te irás con un divorcio ordenado y ordenado.

Capítulo 20

Crear una paz duradera

Tus días lejos de cerrar este capítulo de tu vida.

Todo lo que queda es revisar los documentos que se enviarán al juez para una firma y su divorcio se finalizará.

Su abogado le entregará una pila de papeles que, en el momento, podrían parecer rutinarios, por ejemplo, "Simplemente firme aquí y se acabó".

Soportaste mucho para llegar a este punto. Por increíbles que suenen esas palabras, te aconsejo que nada es *rutinario*.

Esa pila de papeles define tu futuro. Detallan acuerdos financieros, acuerdos de custodia, manutención de los hijos, pensión alimenticia, pensión alimenticia, etc.

Un comienzo limpio y un futuro sin problemas se determinarán cerrando cualquier estipulación abierta que exista en su decreto final.

Evalúe cada estipulación cuidadosamente. Cada vez que vea una declaración como "ambas partes llegarán a un acuerdo mutuo" sobre tal o cual tema, haga todo lo posible para explicar una solución.

¿Por qué? No terminaste en la corte de divorcio tomando decisiones conjuntas bien con tu ex y eso no va a mejorar. Esto es especialmente cierto si estás saliendo de una relación con una persona manipuladora, por ejemplo, cualquier problema futuro que requiera una decisión conjunta le dará la oportunidad de manipularte.

Imagina contactar a tu ex para tomar una decisión conjunta. Ella podría pedirte que hagas esto o aquello, regañarte por algo que escuchó, pedir dinero, invitarte a una cena con ella, y así sucesivamente.

Es en su mejor interés tener un decreto de divorcio escrito de manera concisa que elimine las decisiones conjuntas futuras tanto como sea posible.

Por supuesto, habrá algunos asuntos que deben dejarse abiertos. En esos casos, especifique un cronograma estricto para llegar a una decisión junto con el proceso legal específico y el recurso. Especifique quién será responsable de los gastos legales que resultarán de un estancamiento mutuo.

Si se le otorgó una indemnización en efectivo única, o manutención mensual de los hijos en el momento del decreto, especifique un cronograma estricto sobre cuándo y cómo se le entregará el efectivo. Estipule lo que sucederá si no se le paga a tiempo, por ejemplo, la no recepción de dinero en un tiempo específico se clasificará como un incumplimiento. Esa estipulación lo libera del esfuerzo y el gasto de probar un incumplimiento, y le permite iniciar inmediatamente un proceso de cobro legal.

Si todo no estaba escrito y no te pagaban. Tendría que establecer un nuevo rastro de papel para establecer que ella de hecho le debe, no pagó, se le dio la oportunidad de pagar, luego llevar toda esa información a un tribunal para un fallo.

Sentirás que tu divorcio nunca terminó.

Si usted es el padre con custodia y ella trabaja para una empresa, elimine su participación personal del proceso, por ejemplo, no permita que le envíe por correo un cheque mensual. En su lugar, estipule que irá al condado para completar la documentación necesaria que resultará en deducciones automáticas de nómina de su empleador, que se depositarán directamente en su cuenta.

Mis mejores deseos para usted: Richard Wood

Si desea ponerse en contacto conmigo, envíe un correo electrónico a: manlydivorce@gmail.com

www.ingramcontent.com/pod-product-compliance
Lightning Source LLC
Chambersburg PA
CBHW070243220526
45465CB00004B/1501